La ciencia de los seres vivos

¿Qué es el reino animal?

Un libro de Bobbie Kalman

 Crabtree Publishing Company

www.crabtreebooks.com

Serie La ciencia de los seres vivos
Un libro de Bobbie Kalman

**Para Ernest,
con mis propias manos**

Editora en jefe
Bobbie Kalman

Equipo de redacción
Bobbie Kalman
Greg Nickles

Editora ejecutiva
Lynda Hale

Editoras
Niki Walker
Jacqueline Langille

Diseño por computadora
McVanel Communications Inc.
Lynda Hale
Nancy Twerdohlib

Coordinación de producción
Hannelore Sotzek

Fotografías
John Cancalosi/Tom Stack & Associates: página 23
   (pie de página)
David Gilchrist: páginas 9 (parte superior), 10
   The National Audubon Society Collection/Photo Researchers:
   S.L. & J.T. Collins: página 21 (pie de página)
   Jany Sauvanet: página 21 (parte superior)
Jeanne White/Photo Researchers: página 11 (parte superior)
Otras fotografías de Digital Stock y Digital Vision

Ilustraciones
Barbara Bedell: páginas 6 y 7, 9, 10, 16, 20 y 21, 26 y 27

Consultora
K. Diane Eaton, Hon. B.Sc., B.A.
Brock University

Impreso por
Worzalla Publishing Company

Traducción
Servicios de traducción al español y de composición
   de textos suministrados por translations.com

Crabtree Publishing Company
www.crabtreebooks.com   1-800-387-7650

Library of Congress Cataloging-in-Publication Data
Kalman, Bobbie, 1947-
   [What is the animal kingdom? Spanish]
   ¿Qué es el reino animal? / written by Bobbie Kalman.
      p. cm. -- (La ciencia de los seres vivos)
   Includes index.
   ISBN-13: 978-0-7787-8757-0 (rlb)
   ISBN-10: 0-7787-8757-5 (rlb)
   ISBN-13: 978-0-7787-8803-4 (pbk.)
   ISBN-10: 0-7787-8803-2 (pbk.)
   1. Zoology--Juvenile literature. I. Title. II. Series.
   QL49.K29518 2005
   590--dc22   2005003819
                                                      LC

**Publicado en
los Estados Unidos**
PMB16A
350 Fifth Ave.
Suite 3308
New York, NY
10118

**Publicado
en Canadá**
616 Welland Ave.,
St. Catharines, Ontario
Canada
L2M 5V6

**Publicado en
el Reino Unido**
73 Lime Walk
Headington
Oxford
OX3 7AD
United Kingdom

**Publicado
en Australia**
386 Mt. Alexander Rd.,
Ascot Vale (Melbourne)
V1C 3032

Contenido

¿Qué es un animal?

¿En qué piensas cuando te imaginas a un animal? Muchas personas se imaginan una cosa peluda, con cuatro patas y cola. Algunos animales tienen pelo, pero otros tienen piel lisa. Muchos tienen patas, pero otros no. Otros no tienen cerebro… ¡ni cabeza! Algunos son enormes y otros diminutos. Hay millones de clases de animales en el mundo. Viven en el agua, en la tierra, bajo la tierra y en el aire.

Características de los animales

Los animales pueden verse distintos unos de otros, pero se parecen en lo siguiente:
- Deben comer plantas u otros animales.
- Deben respirar.
- Todos los animales se **reproducen**, o tienen crías.
- Usan los sentidos para conocer el mundo que los rodea.
- La mayoría de los animales pueden mover el cuerpo.

(izquierda) La mantis religiosa se come a otros insectos. Sus patas delanteras generalmente están dobladas como si estuviera rezando.

4

¿Qué es un reino?

Un reino es un grupo de seres vivos que comparten **características** básicas. Todos los animales pertenecen al **reino de los Animales**. Este libro describe los muchos tipos de animales que forman parte de este reino.

(derecha) Algunos animales, como los abanicos de mar, parecen plantas.
(abajo) A diferencia de estos guepardos, la mayoría de los animales no tienen cuatro patas ni pelo.

Animales simples

Muchos tipos de animales tienen cuerpos muy simples. Algunos se parecen más a plantas que a animales. Las esponjas, los celentéreos y los equinodermos son tres grupos distintos de animales simples. Ninguno de los animales de estos grupos tiene cabeza, cerebro ni **sentido** del olfato, gusto, vista ni oído. Muchos no se pueden mover de un lugar a otro.

Esponjas

Las esponjas son los animales más simples. Crecen bajo el agua y pueden ser de distintos tamaños, formas y colores. Tienen un **esqueleto** flexible. Muchas de las esponjas que usamos para bañarnos, limpiar la casa o lavar el auto en realidad son esqueletos de esponjas.

Algunas esponjas tienen forma de barril, otras son planas y otras, redondas. Esta esponja del Caribe parece un grupo de columnas.

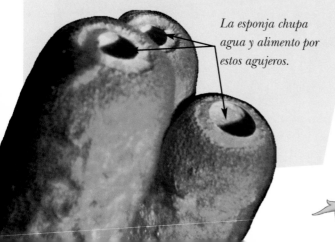

La esponja chupa agua y alimento por estos agujeros.

Supervivencia

Las **larvas** de las esponjas nadan para encontrar una roca u otra superficie dura para vivir. Se pegan y allí crecen y se convierten en adultos. Las esponjas adultas no se pueden mover. Para alimentarse chupan agua por los agujeros que tienen en el cuerpo. El agua contiene pedacitos de comida. La esponja filtra los pedacitos de alimento del agua y luego se los come.

Celentéreos

Los celentéreos viven bajo el agua. Su cuerpo se compone principalmente de tentáculos y un estómago. Los tentáculos atrapan animales pequeños. **Paralizan** a su **presa** con veneno. Luego, el estómago **digiere** la comida, es decir, la descompone para obtener energía.

La mayoría de los celentéreos, como los pólipos de coral, los abanicos de mar y las anémonas de mar, viven en un lugar fijo. Como las esponjas, tienen el cuerpo pegado a las rocas o a otras superficies duras. En cambio, las medusas nadan en el agua.

Al igual que otros celentéreos, esta medusa no tiene esqueleto.

Pólipo de coral

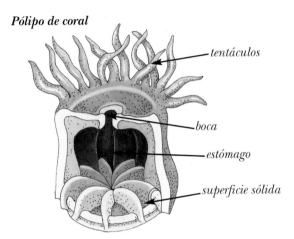

— *tentáculos*

— *boca*

— *estómago*

— *superficie sólida*

Cada una de las cinco puntas de esta estrella de mar es idéntica a las demás. La boca y las patas tubulares están en la parte de abajo del animal.

Equinodermos

El cuerpo de un equinodermo tiene cinco o más partes idénticas. Estas partes están unidas en el centro del cuerpo, alrededor de la boca. Para buscar y recoger alimento, y para moverse por el suelo del océano, los equinodermos usan unas **patas tubulares** pequeñas y huecas, que por lo general están en la parte inferior del cuerpo. Las estrellas, erizos y pepinos de mar son equinodermos.

Gusanos

Hay cientos de miles de gusanos diferentes. Todos tienen cuerpo muy largo y delgado, sin esqueleto. Algunos gusanos son planos, como una cinta. Otros son cilíndricos. La mayoría de los gusanos son más cortos que un dedo, pero algunos son largos como un autobús.

Este spirorbis vive bajo el agua en un tubo semejante a una concha.

¿Qué son los órganos?

Los animales simples sólo tienen algunos **órganos** básicos en el cuerpo. Los gusanos y la mayoría de los demás animales tienen muchos órganos. Un órgano es una parte del cuerpo que realiza una tarea importante. El **cerebro** organiza la información de lo que el animal ve, oye, saborea, huele o siente. También le indica al cuerpo cuándo moverse. El **corazón** bombea sangre a todo el cuerpo. Las **branquias** o los **pulmones** les ayudan a respirar a muchos animales. El **estómago**, los **intestinos** y otros órganos digieren la comida.

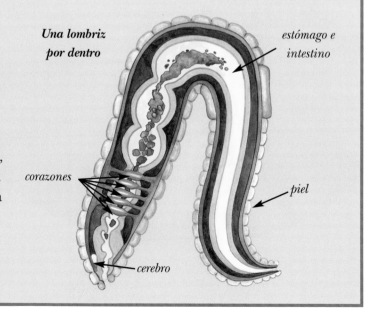

Una lombriz por dentro

estómago e intestino

piel

corazones

cerebro

Las viviendas de los gusanos

Algunos gusanos viven bajo tierra o en la superficie. Otros viven en el agua. Muchos son **parásitos**. Viven encima o adentro de una planta o de otro animal, que se llama **huésped**. Los parásitos se alimentan del cuerpo o la sangre del huésped. A veces le provocan la muerte.

Las lombrices viven en la tierra. Cuando llueve, salen a la superficie para no ahogarse en sus túneles.

Cilios y parápodos

Algunos gusanos tienen la piel lisa. Muchos gusanos acuáticos están cubiertos de **cilios**. Los cilios son estructuras diminutas que parecen plumas o pelos. Otros gusanos tienen **parápodos**, que parecen patas. Los cilios y los parápodos les sirven para recoger alimentos o moverse.

cilios

Los gusanos plumero viven bajo el agua. Usan sus cilios en forma de plumas para atrapar comida.

Moluscos

Al igual que los gusanos, los moluscos no tienen esqueleto. Algunos tienen una concha que les protege el cuerpo blando. Muchos tienen cabeza con ojos y otros órganos de los sentidos. La mayoría tiene un **pie**. Este pie no se parece a los nuestros. Es un músculo grande y sin forma que les permite arrastrarse, nadar o cavar. Los moluscos se dividen en tres grupos principales: **gasterópodos**, **moluscos bivalvos** y **cefalópodos**.

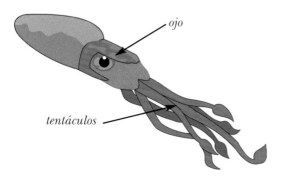

ojo

tentáculos

Los calamares son moluscos. Tienen brazos y tentáculos en lugar de pie, y no tienen concha.

Gasterópodos

Los gasterópodos son moluscos que tienen un pie casi tan largo como su cuerpo. El pie se encuentra bajo el vientre del animal. Los caracoles y babosas son gasterópodos. Son los únicos moluscos que pueden vivir sobre la tierra. Se arrastran con ayuda del pie. Otros gasterópodos, como los caracoles acuáticos, viven bajo el agua y usan el pie para arrastrarse o nadar.

Todos los gasterópodos, excepto las babosas, tienen conchas en forma de espiral que les protegen los órganos como el corazón, el estómago y las branquias.

concha

pie

Moluscos bivalvos

Las almejas, las ostras y los mejillones son moluscos bivalvos. Su cuerpo está envuelto en dos conchas, unidas en un lado por una articulación en forma de bisagra que les permite abrirse y cerrarse. Las conchas se abren cuando el molusco come y se cierran para protegerlo de sus enemigos. Los moluscos bivalvos usan el pie para cavar y a veces para saltar si hay peligro.

Las almejas son moluscos bivalvos. Abren las conchas para comer y las cierran para protegerse.

Los pulpos tienen una vista excelente para detectar la comida y el peligro.

Cefalópodos

Los pulpos, los calamares y las sepias son cefalópodos. Los cefalópodos son los invertebrados más grandes. Son buenos nadadores y se pueden mover rápidamente. A diferencia de otros moluscos, no tienen una concha externa y en lugar de pie tienen muchos brazos. Algunos pueden cambiar de color. Otros disparan chorros de líquido oscuro en el agua para confundir al enemigo.

Los cefalópodos son los invertebrados más inteligentes. Los científicos han descubierto que los pulpos, por ejemplo, tienen buena memoria y se les puede enseñar a hacer trucos.

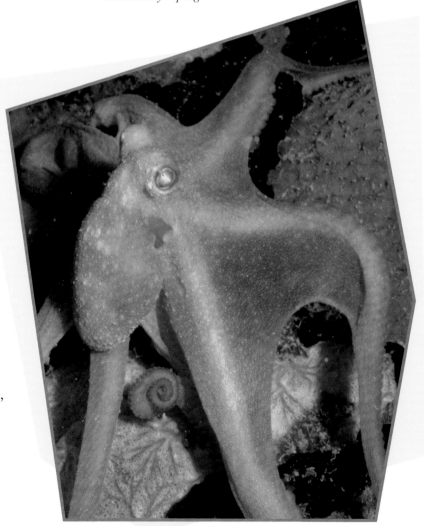

Artrópodos

En el mundo hay más clases de artrópodos que de todas las demás clases de animales. Todo el exterior de su cuerpo es un esqueleto duro llamado **exoesqueleto** que cubre y protege las partes blandas del interior, como si fuera una armadura. A diferencia de otros invertebrados, los artrópodos tienen patas. Éstas se pueden doblar en puntos llamados **articulaciones**.

Insectos

Un **insecto** es un artrópodo de seis patas. Su cuerpo se divide en cabeza, **tórax** y **abdomen**. Hay millones de tipos de insectos. Las pulgas, las hormigas, las moscas, las abejas y las mariposas son apenas unos cuantos grupos. Los insectos viven en todos los lugares del mundo, incluso bajo el agua. Muchos insectos tienen alas. Son los únicos invertebrados que pueden volar.

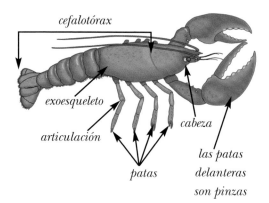

Las langostas son crustáceos.

cefalotórax

exoesqueleto

articulación

patas

cabeza

las patas delanteras son pinzas

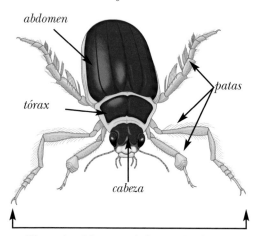

Los escarabajos son insectos.

abdomen

tórax

patas

cabeza

El exterior del cuerpo de los artrópodos está cubierto por un exoesqueleto.

Las mariposas tienen alas de colores. Las de otros insectos alados son de un solo color o transparentes.

Arácnidos

Los **arácnidos** son artrópodos de ocho patas. Las arañas, los escorpiones, las garrapatas y los ácaros son arácnidos. Todas las arañas y escorpiones son **depredadores**, es decir, cazadores. Le inyectan a su presa un **veneno**, que es una sustancia tóxica. Los ácaros y las garrapatas son parásitos. Se alimentan de la sangre de otros animales.

aguijón

patas

El escorpión atrapa a su presa con las patas delanteras, que son tenazas. Inyecta veneno con el aguijón.

Miriápodos

Los **miriápodos** tienen más patas que los otros artrópodos. ¡Algunos tienen cientos de ellas! Su cuerpo tiene muchos **segmentos**, o partes parecidas. Casi todos los segmentos tienen un par de patas. Los ciempiés y los milpiés son miriápodos.

Crustáceos

Los crustáceos son artrópodos que viven principalmente bajo el agua. Cada clase de crustáceo tiene distintos tipos y cantidad de patas. Algunos, como la artemia salina, tienen patas que parecen plumas. Los cangrejos y las langostas tienen diez patas.

Las patas delanteras del cangrejo son pinzas.

¿Cuántas patas puedes contar en estos milpiés?

Animales con columna vertebral

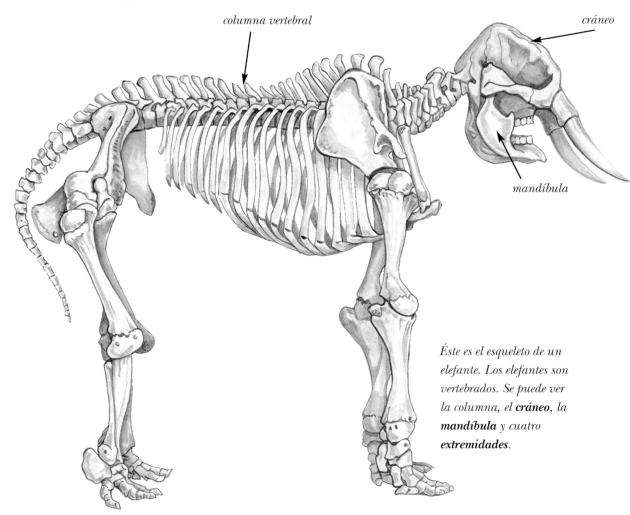

La mayoría de los animales son invertebrados. No tienen columna vertebral. Un vertebrado es un animal que sí la tiene. La columna vertebral es una columna de **huesos** a lo largo de la parte media de la espalda del animal. En ella se apoya el resto del esqueleto. Sin la columna, el cuerpo de los vertebrados se desplomaría.

(arriba) Las ranas y otros anfibios son vertebrados.

columna vertebral

cráneo

mandíbula

*Éste es el esqueleto de un elefante. Los elefantes son vertebrados. Se puede ver la columna, el **cráneo**, la **mandíbula** y cuatro **extremidades**.*

16

Sangre fría y sangre caliente

Casi todos los animales son **de sangre fría**. La temperatura de la sangre y el cuerpo cambia cuando el ambiente que los rodea se enfría o se calienta. Sólo dos clases de vertebrados son **de sangre caliente**: las aves y los mamíferos. Su cuerpo y su sangre se conservan a la misma temperatura sin importar qué tan frío o caliente sea el ambiente que los rodea. Estos animales se enferman, o incluso mueren, si la temperatura de su cuerpo cambia demasiado.

Datos sobre los vertebrados

- La mayoría de los vertebrados tienen un esqueleto hecho de huesos y cartílago.
- La mayoría tiene dos o cuatro extremidades.
- Todos tienen cráneo. El cráneo es un hueso que protege el cerebro.
- Casi todos tienen mandíbula. La mandíbula es un hueso que los ayuda a agarrar y masticar la comida.
- El cerebro de los vertebrados es mucho más grande que el de la mayoría de los invertebrados.
- Los animales más grandes del mundo son vertebrados.

El esqueleto de los elefantes y otros animales está dentro de su cuerpo. Los huesos están cubiertos por muchas capas de músculo, grasa y piel.

Peces

Los peces son vertebrados que viven en el agua. La mayoría es de sangre fría. Los peces son excelentes nadadores. Su piel está cubierta por **escamas** lisas y duras que le permiten al cuerpo deslizarse fácilmente en el agua.

Hechos para nadar

El cuerpo de los peces está formado principalmente por músculos poderosos que se usan para nadar. Los peces nadan moviendo el cuerpo de un lado a otro. Algunos nadan lentamente, moviendo las aletas. La mayoría usa las aletas para controlar la dirección y evitar voltearse al nadar. Casi todos los peces tienen **vejiga natatoria**, que es un órgano con forma de globo que los ayuda a flotar. Cuando dejan entrar aire en la vejiga, su cuerpo se eleva en el agua. Cuando dejan entrar agua, su cuerpo se hunde.

Los tiburones, las rayas, las mantas y algunos otros peces tienen esqueletos de cartílago flexible. Las orejas y la punta de la nariz de los seres humanos están hechas de cartílago.

Respirar bajo el agua

Los peces tienen branquias que les permiten respirar bajo el agua. Si se saca a un pez del agua, morirá porque no puede respirar. Las branquias de los peces quedan a ambos lados de la cabeza. Cuando el agua las atraviesa, le extraen el aire. Para que el agua pase por las branquias, los peces abren y cierran la boca constantemente. Algunos tiburones nadan con la boca abierta para que el agua pase por las branquias.

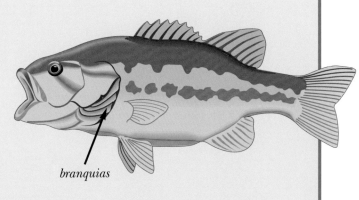

branquias

Este pez mariposa y la mayoría de los demás peces tienen esqueletos de hueso.

Anfibios

Los anfibios son vertebrados de sangre fría que comienzan su vida bajo el agua y van a vivir a tierra firme cuando se convierten en adultos. Su piel es lisa y está cubierta por una baba húmeda que se llama **mucosidad**. Para que no se les seque la piel, la mayoría de los anfibios deben vivir en lugares húmedos. Casi todos tienen una lengua pegajosa con la que atrapan la comida. Hay tres grupos principales de anfibios: **ranas** y **sapos**, **salamandras** y **tritones**, y **cecilias**.

Del agua a la tierra

El cuerpo de los anfibios cambia a medida que crecen, desde que son **renacuajos** hasta que se convierten en adultos. Los cambios permiten que el renacuajo pase de vivir bajo el agua a vivir sobre la tierra. Los siguientes dibujos muestran cómo el renacuajo de un tritón crestado crece y se convierte en adulto.

Los sapos y las ranas tienen un cuerpo pequeño y unas patas traseras fuertes y largas. Este anfibio es una rana arbórea.

1. La vida de los anfibios comienza en el agua, dentro del huevo. 2. Después de unos días, del huevo nace un renacuajo. El renacuajo tiene branquias para respirar bajo el agua.

3. Las branquias se encogen a medida que al renacuajo le empiezan a aparecer los pulmones. La cola también se encoge y las patas comienzan a crecer.

La piel de un anfibio le sirve para…

- **respirar** El aire atraviesa la piel y va directamente a la sangre.
- **sentir** La piel puede sentir las vibraciones de los depredadores o la presa.
- **protegerse** La piel de muchos anfibios produce un veneno mortal que ahuyenta a los depredadores.

(arriba) El cuerpo de una cecilia es como un gusano y no tiene patas.

(derecha) Las salamandras y los tritones, como estos tritones rojos moteados, tienen patas cortas y cuerpo y cola largos.

4. *Los pulmones del renacuajo reemplazan a las branquias por completo. El renacuajo ahora debe nadar a la superficie del agua para respirar aire.*

5. *El renacuajo se ha convertido en un tritón adulto. Ahora vive sobre la tierra, pero vuelve al agua para mojarse la piel o reproducirse.*

hocico

Reptiles

Los reptiles son vertebrados de sangre fría que tienen una piel dura cubierta de escamas. Se dividen en cuatro grupos principales: **cocodrilos** y **caimanes**, **tortugas**, **lagartos** y **serpientes**, y **tuataras**.

Cocodrilos y caimanes

Los cocodrilos y caimanes tienen patas cortas y cuerpo largo cubierto por una armadura como de hueso. El hocico es largo y está lleno de dientes agudos que usan para atrapar y retener a su presa. Estos reptiles pasan la mayor parte del tiempo en el agua, pero a veces caminan por la tierra.

(arriba) Para enfriar el cuerpo, el cocodrilo mantiene la boca abierta y deja escapar el calor.

Tortugas

Las tortugas tienen patas cortas y un caparazón redondo de hueso. Se protegen de los enemigos escondiendo las patas y la cabeza dentro del caparazón. Todas las tortugas se parecen, pero unas viven en el agua mientras que otras viven en tierra. Algunas tortugas acuáticas, como esta tortuga verde, tienen aletas en vez de patas para nadar.

Lagartos y serpientes

Los lagartos y serpientes tienen cuerpo y cola largos. Casi todos los lagartos tienen cuatro patas. Algunos, al igual que las serpientes, carecen de patas. La mayoría tiene hileras de dientes puntiagudos con los que atrapan a su presa. Las serpientes tienen grandes colmillos que usan para cazar. Muchas tienen **colmillos** huecos que disparan veneno. Algunas le inyectan veneno a la presa al morderla.

Esta cobra dispara un chorro de veneno para paralizar a su presa o ahuyentar a los enemigos.

El tuatara

El tuatara parece un lagarto, pero no lo es. Pertenece a un grupo aparte. Es el tipo de reptil más antiguo que existe. Los tuataras prefieren temperaturas más bajas que otros reptiles. Salen sólo de noche, cuando está fresco. Viven en algunas islas cerca de Nueva Zelanda.

Aves

Las aves son vertebrados de sangre caliente. Son los únicos animales que tienen plumas. Casi todas las aves vuelan. Las que vuelan tienen huesos huecos, a diferencia de otros animales, que tienen huesos sólidos.

Plumas

Las aves tienen distintos tipos de plumas que realizan diversas tareas. Las plumas suaves y esponjosas cercanas a la piel las ayudan a conservar el calor. Las plumas exteriores alisan el cuerpo del ave para que pueda moverse con facilidad por el aire o el agua. Estas plumas también evitan que la piel se moje con el agua.

Las plumas largas y fuertes de los bordes de las alas y la cola le ayudan al ave a elevarse y a controlar la dirección en el aire.

(arriba) Los avestruces y otras aves no vuelan.

(derecha) Las aves y los mamíferos pasan mucho tiempo cuidando a sus crías. Las alimentan y las protegen de los depredadores.

El pico del abejaruco funciona como una pinza para atrapar insectos en el aire.

Las aves zancudas, como esta cigüeña, necesitan un pico largo para encontrar comida en el agua.

El pico filoso y ganchudo del buitre es ideal para desgarrar la carne de la presa.

Picos

Para poder elevarse del suelo, las aves que vuelan deben pesar poco. Los picos pueden parecer pesados, pero están hechos de un material más liviano que el hueso. Es el mismo material de las uñas humanas.

El pico de un ave es una herramienta importante. Con el pico las aves hacen la mayor parte de su trabajo, como construir nidos, limpiarse las plumas y alimentarse. El pico de cada ave está preparado para el tipo de comida que ésta come. Las ilustraciones de esta página muestran algunos tipos de picos.

(arriba) Algunas aves, como este martín pescador pío, tienen pico largo y puntiagudo para agarrar peces resbaladizos.

El pico ganchudo de la guacamaya le sirve para abrir nueces y semillas.

Mamíferos

Los mamíferos son vertebrados de sangre caliente. Todos tienen algo de pelo o pelaje en el cuerpo. Las hembras producen leche para alimentar a sus crías. Son los únicos animales que pueden hacerlo. Aquí puedes ver animales de los grupos de mamíferos más importantes.

*(arriba) Los lirones y otros **roedores** tienen dientes largos para roer la comida.*

*(derecha) Esta liebre ártica y otros **lagomorfos** tienen orejas grandes.*

No nacen de un huevo

La vida de muchos animales comienza dentro de un huevo que la madre pone. Cuando la cría está bien desarrollada, sale del huevo. La mayoría de los mamíferos, sin embargo, crecen dentro del cuerpo de la madre hasta que están bien desarrollados. No salen de huevos, sino que **nacen del cuerpo** de la madre.

*Los **insectívoros**, como el erizo, comen insectos.*

*(derecha) Los manatíes son una clase de **sirénidos**. Viven en el agua y comen plantas.*

*(abajo) Los rinocerontes y otros **perisodáctilos** tienen pezuñas y uno o tres dedos.*

*Los elefantes son **proboscídeos**. Tienen orejas grandes y trompa.*

*Los **cetáceos**, como la orca, viven en el agua. Algunos son cazadores. Otros filtran pedacitos de comida del agua.*

Peludos, velludos o casi pelados

Los mamíferos son los únicos animales que tienen pelo o pelaje. Algunos, como los gatos y perros, están cubiertos por gruesas capas de pelo lanudo. El pelo los ayuda a mantenerse calientes en los climas fríos. En los climas cálidos, el pelo refleja el sol y mantiene el cuerpo del mamífero fresco. El pelo grasoso evita que se moje la piel de los mamíferos acuáticos, como los castores y las nutrias.

Otros mamíferos, como los delfines y las ballenas, sólo tienen unos cuantos pelos en el cuerpo. Al ser casi pelados, pueden deslizarse mejor por el agua. Las ballenas y los delfines tienen gruesas capas de grasa, así que no necesitan pelo para mantener el calor.

*Los **quirópteros**, o murciélagos, vuelan.*

*Los felinos y otros **carnívoros** cazan.*

*La mayoría de los **marsupiales**, como los koalas, tienen una bolsa donde llevan sus crías.*

*Los camellos y otros **artiodáctilos** tienen pezuñas y dos o cuatro dedos.*

*Los **primates**, como este mandril, tienen manos y un cerebro grande.*

*Los ornitorrincos son **monotremas**. Son los únicos mamíferos que ponen huevos.*

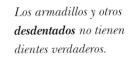

*Los armadillos y otros **desdentados** no tienen dientes verdaderos.*

El reino que se achica

Todos los seres vivos del mundo dependen unos de otros para sobrevivir. Algunos animales comen plantas, y otros se comen a los que comen plantas. Algunos descomponen desechos de animales, que se convierten en alimento para plantas nuevas. Cuando un tipo de planta o animal desaparece de la Tierra, todos los seres vivos que dependían de él sufren.

En peligro de extinción y extintos

(página de enfrente) Los elefantes están amenazados por los cazadores, que se llevan los colmillos de marfil. El hombre también se apodera de la tierra en donde viven los elefantes.

(abajo) Las joyas y cajas hechas de caparazón de tortuga vienen de caparazones de tortugas en peligro de extinción, que los seres humanos capturan y matan.

Cada día que pasa hay más animales **en peligro de extinción**. Cuando en el mundo sólo quedan unos cuantos animales de un tipo, ese animal está en peligro. Muchos miles de animales están en peligro de **extinguirse** o desaparecer para siempre del planeta. En la actualidad los seres humanos casi siempre tienen la culpa cuando un animal está en peligro de extinción o se extingue. Los seres humanos amenazan la supervivencia de los animales de muchas maneras.

Caza

Muchos animales están en peligro de
extinción porque los seres humanos los
cazan. A algunos los cazan para
comérselos. A otros, como el rinoceronte
negro, para usar parte de su cuerpo en
medicamentos. A los elefantes y a las
tortugas los cazan para fabricar joyas
caras con partes de su cuerpo. Muchos
animales tropicales, como los loros, se
capturan y venden como mascotas.

Destrucción del hábitat

Cuando su **hábitat** cambia, muchos animales
comienzan a estar en peligro de extinción o se
extinguen. Los seres humanos cambian los
hábitats cuando talan árboles, inician incendios,
construyen diques y drenan pantanos. Los seres
humanos queman y cortan bosques húmedos
para obtener madera y para construir granjas y
casas. Se cree que hasta 200 **especies** de plantas y
animales se pierden para siempre por cada acre
(0.4 hectáreas) de bosque húmedo que se tala.

La contaminación del agua causada por derrames de petróleo, fábricas y ciudades amenaza a las focas peleteras y a otros animales marinos.

Contaminación

Cuando los seres humanos contaminan un hábitat, todos los seres vivos se ven afectados. La basura, los productos químicos de las granjas, los automóviles, las fábricas, las minas y las centrales eléctricas contaminan el agua, el aire y el suelo. Las plantas y animales silvestres de los hábitats contaminados a menudo se enferman y a veces se extinguen. Los científicos han descubierto que algunas ranas y sapos pueden ser especialmente sensibles a la contaminación. Muchos nacen sin patas porque los cuerpos de sus padres fueron afectados por la contaminación. Otros, como el sapo dorado, parecen haber desaparecido de la naturaleza y pueden estar extintos.

¡Salvemos a los animales!

Muchas personas tratan de salvar a los animales en peligro de extinción. Tú también puedes ayudar a salvarlos aprendiendo más sobre ellos y enseñándoles a otras personas que ellos están en peligro. No compres productos que provengan de animales en peligro de extinción. Reduce, vuelve a usar y recicla para que haya menos contaminación. También puedes unirte a un grupo protector de la vida silvestre que cuide y ayude a los animales de tu región o del mundo.

Palabras para saber

característica Cualidad o rasgo

célula La parte más básica de todo ser vivo; la mayoría de las plantas y animales están hechos de millones de células conectadas

columna vertebral Columna de huesos a lo largo de la parte media de la espalda de un vertebrado; la columna vertebral también se denomina columna o espina dorsal

de sangre caliente Expresión que describe a un animal cuya temperatura corporal permanece igual sin importar cuál sea la temperatura de su medio ambiente

de sangre fría Expresión que describe a un animal cuya temperatura corporal cambia con la temperatura del medio ambiente

depredador Animal que mata y se come a la presa

digerir Descomponer comida para que el cuerpo pueda obtener energía

en peligro de extinción Expresión que describe a una planta o animal que está en peligro de extinguirse o desaparecer

escama Expresión estructura plana de la piel de algunos animales, como peces y reptiles

especies Grupo de seres vivos muy parecidos cuyas crías pueden tener crías propias

esqueleto Conjunto de huesos, varas, caparazones u otras sustancias duras que le sirven de apoyo al cuerpo de un animal

exoesqueleto Esqueleto exterior, duro y parecido a un caparazón, que protege el cuerpo de los artrópodos

extinto Palabra que describe a una planta o animal que ya no existe

extremidad Parte del cuerpo, como una pata, brazo o ala

hábitat Lugar natural en donde se encuentra una planta o animal

hueso Parte del esqueleto de un vertebrado; sustancia dura de la que está compuesto el esqueleto de los vertebrados

huésped Animal atacado por un parásito

invertebrado Animal que no tiene columna vertebral

larva Cría de un insecto o animal parecido después de que sale del huevo; el cuerpo de las larvas es blando, como el de los gusanos

nacer del cuerpo de la madre Se refiere a las crías que nacen del cuerpo de la madre y no de un huevo

órgano Parte del cuerpo que cumple una tarea especial; por ejemplo, el corazón bombea sangre a todo el cuerpo

paralizar Hacer que un animal pierda fuerza y sensibilidad en todo el cuerpo o parte de él

parásito Criatura que se alimenta del cuerpo de una planta o animal vivo

presa Animal que es cazado y comido por otro

reino animal El grupo más importante de seres vivos que abarca a todas las clases de animales

reproducirse Tener cría

sentidos Habilidades que ayudan a los animales a estar conscientes del ambiente a su alrededor; comprenden la vista, el oído, el olfato, el gusto y el tacto

tentáculo Parte larga y flexible del cuerpo que sirve para sentir, agarrar y moverse

vertebrado Animal que tiene columna vertebral

Índice

1 2 3 4 5 6 7 8 9 0 Impreso en Canadá 4 3 2 1 0 9 8 7 6 5